on vous dit tout sur,

l'encadrement

Michèle Dhont

tome 3 / les passe-partout

l'inédite

ISBN 2-908894-24-6

6, rue Deguerry
75011 Paris

sommaire

introduction

De tout temps, le passe-partout servait dans un encadrement à donner un point de perspective au sujet qui fait l'objet de cet encadrement.

Pendant très longtemps, le passe-partout est resté simple : une feuille de bristol avec une ouverture qui correspondait à notre fenêtre-image actuelle.

Bien avant l'invention du verre de petite taille, qui a permis les encadrements de dessins et de gravures, ces mêmes dessins ou gravures se trouvaient serrés dans des registres ou des porte-feuilles, collés sur des papiers d'Auvergne, généralement inclus dans des feuilles plus rigides qui constituaient une protection et permettaient de les consulter sans risque de détérioration.

Par la suite, les collectionneurs ont fait rajouter ou ont rajouté eux-mêmes des marges dessinées, ancêtres de nos lavis actuels, qui comportaient généralement un cartouche dans la marge inférieure et dans lequel était inscrit le nom de l'artiste.

Pendant de longues années, après l'invention du verre en petit format qui a permis les encadrements actuels, le passe-partout est resté simple et généralement monochrome, de trois teintes : blanc, blanc cassé, ivoire; une teinte bleue soutenue a parfois été utilisée, mais pour certains documents très précis.

Bien entendu, on retrouve sur beaucoup de ces passe-partout des lavis plus ou moins travaillés, avec ou sans cartouches.

Il a fallu attendre notre époque, et le fabuleux essor de l'encadrement, pour que le passe-partout devienne une œuvre qui en aucun cas, nous tenons à le redire, ne doit porter préjudice au document lui-même.

avant-propos

Ce n'est pas parce que tout, ou presque tout, peut s'encadrer en allant du plus simple au plus sophistiqué qu'il ne faut pas faire très attention au choix de son encadrement et au mariage parfait du sujet et du cadre.

En effet, ce qui peut donner un résultat remarquable avec tel document peut être parfaitement laid avec tel autre.

Il est donc essentiel, avant de prendre une décision, de bien étudier le résultat qu'il est indispensable d'atteindre. C'est pour cette raison qu'au moment où vous avez décidé de vos couleurs et de vos matériaux, le travail est presque terminé.

Depuis quelques années, avec le nombre impressionnant de nouveaux matériaux mis à notre disposition, ainsi que les papiers de textures et de couleurs différentes, nous n'avons que l'embarras du choix. En ne parlant que de deux fabriquants, l'un nous propose 458 papiers différents, l'autre 500 ! Nous n'avons plus aucune excuse pour ne pas trouver exactement ce que nous cherchons.

Au papier s'ajoute quantité d'autres matériaux que nous n'aurions pas eu l'idée d'utiliser il y a seulement quelques années.

Cet ouvrage va essayer de vous donner quelques idées, mais partant de là tout est possible et vous constaterez que votre imagination est plus créative que vous ne le pensez.

Cependant, n'oubliez surtout jamais ces principes fondamentaux de l'encadrement :

- plus un document a de la valeur, plus l'encadrement doit être sobre;
- jamais un encadrement ne doit occulter un document.

Bonnes réalisations.

avant-propos

Pour sortir des traditionnels contrecollés et donner une certaine personnalité à vos passe-partout, nous vous donnons ci-après une technique de recouvrement pour des papiers simples. Nous vous donnerons par la suite des précisions supplémentaires selon les divers papiers employés.

- couper ce matériau en ajoutant 1 cm à la dimension du passe-partout, tout autour;
- sur l'endroit, enduire le passe-partout de colle vinylique, bien encoller partout, même sur les bords;
- disposer le matériau endroit contre plan de travail;

! N.B.
le papier, lui, aura été préalablement humidifié à l'éponge;

Recouvrement simple

des passe-partout avec des papiers classiques

réalisation

Pour papiers collés sur carte 500 ou bristol
- dans une carte, ouvrir le passe-partout en tenant compte de l'existence ou non d'un biseau;

! N.B.
mettre les croix sur l'envers au cas ou le matériau de recouvrement serait transparent;

- poser le passe-partout endroit contre envers, et lisser au plioir en appuyant bien;
- couper l'excédent tout autour;
- couper à 1 cm à l'intérieur et dans les angles faire une coupe au gabarit d'angle à 1 mm;
- rabattre au plioir et coller en mettant la colle sur le carton et en tirant bien vers l'intérieur du passe-partout;
- si des bulles apparaissent, repasser au fer très doux, la chaleur fera fondre la colle et les bulles disparaîtront.

Son intérêt réside dans le fait que vous pouvez en trouver partout, même à l'étranger, et que cela renouvelle votre stock d'une façon parfois imprévisible.

papier cadeau

D'ailleurs si vous demandez qu'on vous donne une feuille pour faire vos paquets vous-même, vous serez étonné de la compréhension des commerçants !

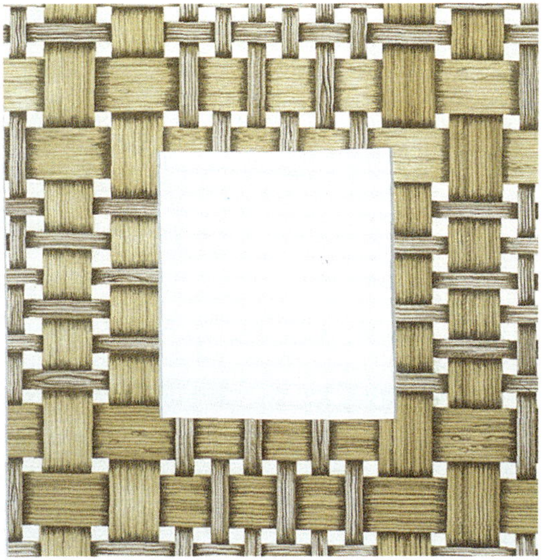

Sachez aussi récupérer un papier froissé en le trempant carrément dans l'eau et en le mettant sous presse ! Gardez ces papiers et un jour vous les marierez avec le document pour lequel vous aviez du mal à trouver quelque chose et cela risque de donner un encadrement inattendu.

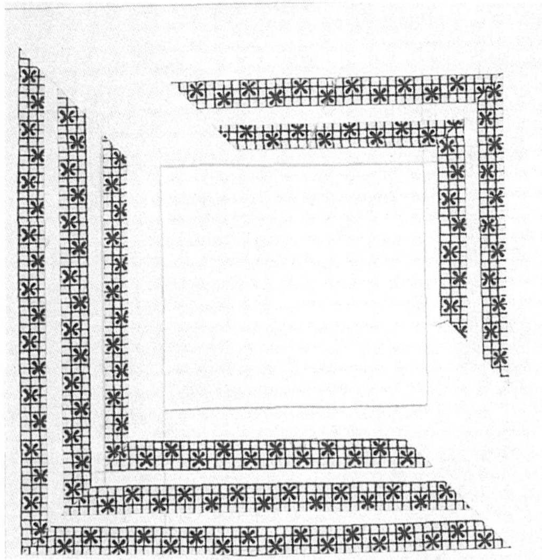

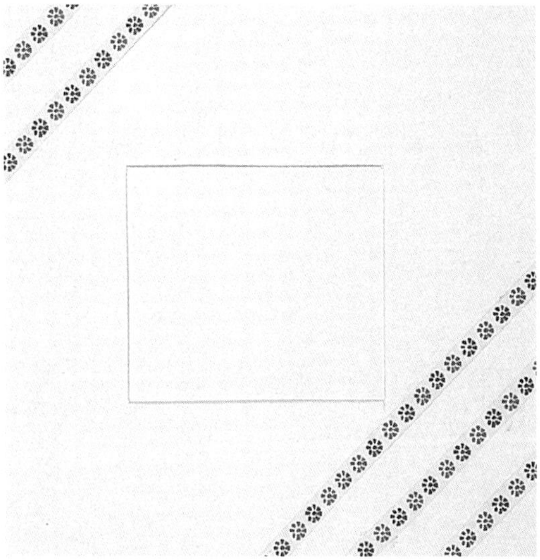

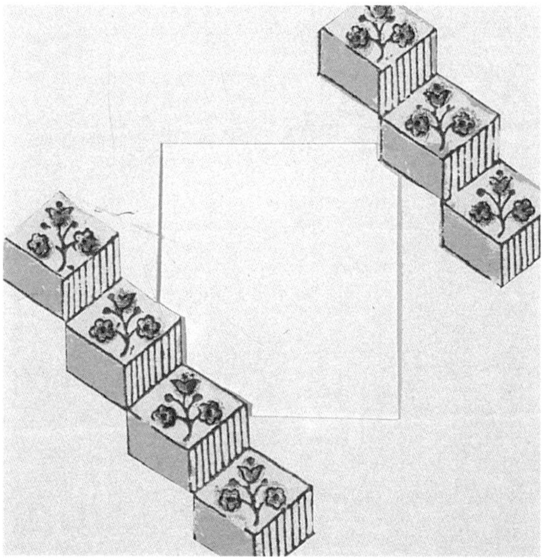

réalisation

- Vous procéderez comme avec un papier ordinaire en prenant plus de précautions, car les papiers cadeaux sont généralement plus fragiles; n'oubliez donc pas de l'humidifier;
- ces papiers peuvent aussi être utilisés en les découpant et en recréant des motifs que vous collerez sur un fond, ou que vous disposerez en répétitions rapprochées.

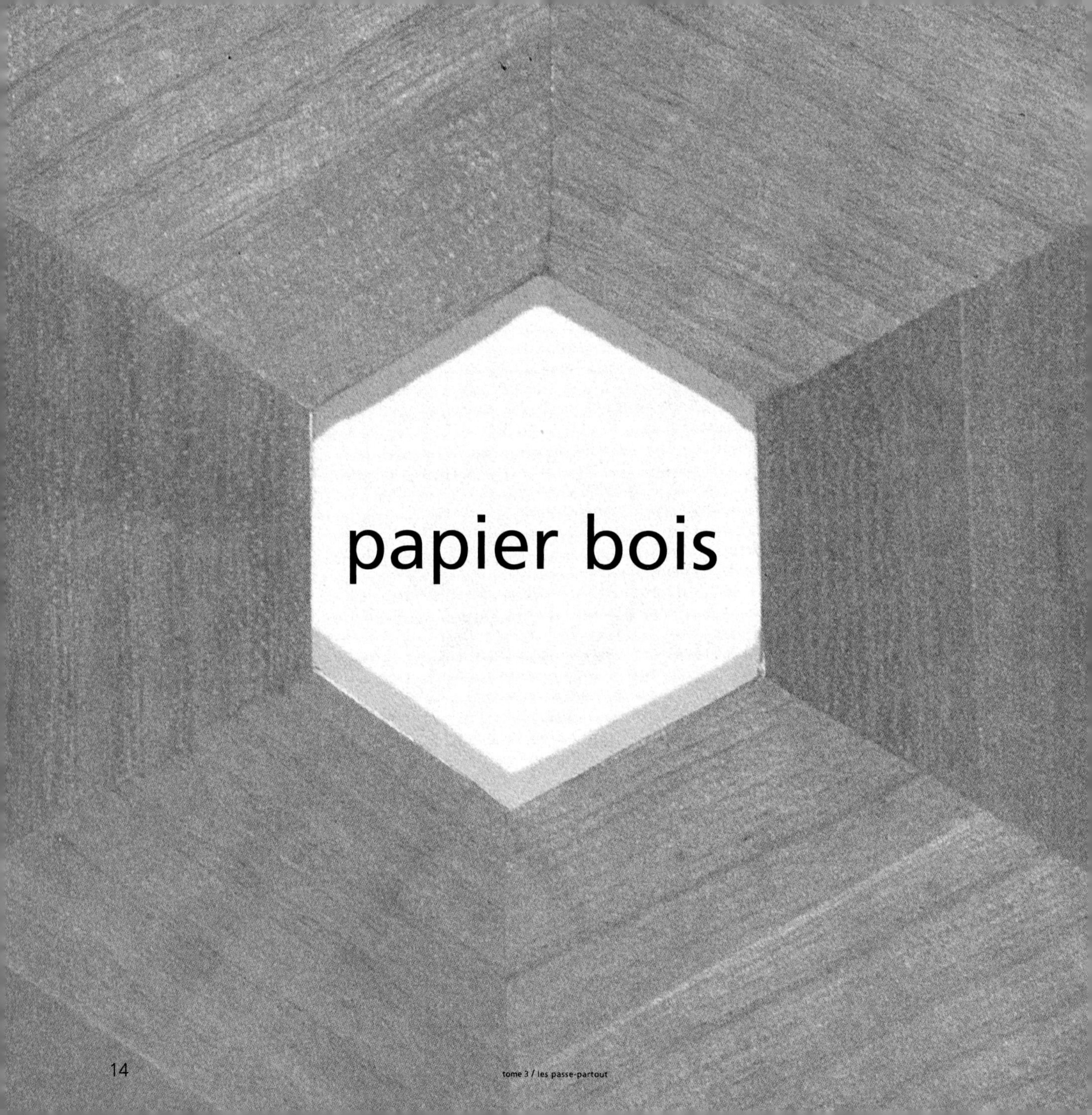

papier bois

Le papier bois est un bois déroulé, excessivement fin, et contrecollé sur un papier très très fin. Les fibres du bois sont dans le sens de la feuille et il est ainsi facile de jouer des contrastes pour faire des passe-partout variés.

papier bois

Passe-partout rectangulaires
sans bandes contrastées

- ouvrir le passe-partout;
- couper des bandes de papier bois dans le sens des fibres, de 5 mm de plus que la largeur de la marge et de 4 cm de plus que la longueur des côtés du cadre;

! N.B.

effacer toutes marques sur le passe-partout s'il y en a car le papier bois est transparent;

- encoller un côté du passe-partout en s'arrêtant à 1 cm des angles intérieurs;
- poser la bande de papier bois au ras de l'ouverture intérieure;
- encoller les trois autres côtés de la même façon;
- retourner le travail et pointer au compas pointe sèche l'angle extérieur du passe-partout en traversant le papier bois;
- dans les coins, glisser une languette de bristol sous les deux épaisseurs du papier bois et les couper de l'angle intérieur au point traversé par le compas;
- coller les angles, et faire les autres côtés.

! N.B.

Pour recouvrir un passe-partout ovale ou rond, prendre la mesure de la largeur des bandes à la hauteur de la diagonale coupant le rond ou l'ovale.

Partant de cette technique, toutes les fantaisies sont permises en inversant le sens des bandes, ou en teintant le papier bois avec des encres indélébiles.

papier bois

Faire un passe-partout
avec un papier brillant ne présente
pas de difficulté particulière;
il y a seulement quelques
précautions à prendre pour éviter
toute marque, toute tâche.

papier brillant

- Ne jamais mettre sous presse, et ne pas se servir du plioir pour lisser le papier après l'avoir collé; appuyer au travers d'un linge;
- ne pas le retourner sur la carte où vous le contrecollez; avant de le coller teindre la coupe de la fenêtre image avec un crayon feutre de la même couleur;
- en cas de tâche de colle, laver délicatement à l'eau chaude et essuyer sans trop frotter.

Convient parfaitement aux documents asiatiques et orientaux. Il suffit de savoir que les papiers japons étant aussi nombreux que nos propres papiers, pour les encadrements il est bon d'employer le japon nacré.

papier japon

À base de chiffon de soie et de plantes donnant cet aspect soyeu, ce japon nacré oblige à respecter certaines règles :

- il ne se mouille pas,
- il ne se gomme pas,
- il ne se plie pas

(s'il est essentiel de le plier, il faut le rainer au plioir et le rabattre ensuite).

La plus belle façon de l'utiliser est indiquée sur l'exemple ci-après

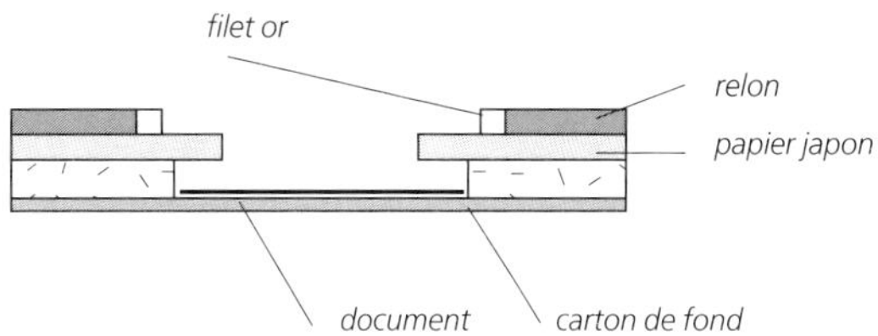

L'or joue avec la nacre du papier et le relon donne une teinte.

Le papier kraft se trouve
actuellement en plusieurs teintes
et en plusieurs épaisseurs.
Il se travaille comme le papier bois,
en contrariant les vergeures ou en
changeant la teinte. Il se traite de
même en mosaïque, en bandes

papier kraft

contrastées ou à coupe simple
à 45° dans les angles.
Il est souvent utilisé pour les dessins
d'enfants, pour des dessins naïfs
avec plusieurs passe-partout
de teintes différentes.

papier kraft

papier peint

Parfois un peu trop épais pour être utilisé en passe-partout, il faut alors le couper à bord franc sur la fenêtre-image et ne pas le replier.

La meilleure utilisation du papier peint pour un encadrement consiste à utiliser les dessins, mais surtout les guirlandes, les bouquets de fleurs ou les motifs de style. Ces motifs sont découpés au cutter sur une plaque de verre, et reportés sur le passe-partout recouvert d'un papier de ton uni.

Il est possible également de recoller dans la bande de lavis destinée à recevoir la couleur une très légère bande de fleurs, finement découpées.

Vous pouvez également assortir vos encadrements au décor de la chambre.

Utilisé
pour des
gravures assez
rustiques
ou
des dessins
de bateaux.

papier liège

- Le papier liège s'utilise comme du papier normal et se retourne autour de la fenêtre-image, mais il ne se mouille pas;
- la plaque de liège de 1 ou 2 mm, qui donne un aspect plus solide, se colle sur le passe-partout et se coupe à bord franc autour de la fenêtre-image.

Il existe plusieurs sortes

de papier reliure

qui peuvent alors

être traitées

de façons différentes.

Avant toute utilisation, s'assurer de la qualité de son papier reliure :

- si c'est un papier à la cuve, facilement reconnaissable à l'irrégularité de ses dessins d'une feuille à l'autre et à son prix bien plus élevé à l'achat, il faudra le travailler avec ménagement, ne pas le frotter car les encres ou la peinture qui ont servi à sa fabrication risquent de couler;
- si c'est un papier imprimé, le traiter comme tout autre papier.

papier reliure

Mais dans ces deux sortes de papiers, il existe différents motifs qui seront traités différemment :

- les motifs réguliers ne formant pas bande : vous les traiterez comme un papier normal;
- les motifs formant bandes :

vous les traiterez comme du papier bois en coupant les angles superposés à 45°.

! N.B.

Le papier reliure étant en lui-même une œuvre d'art, ne pas trop en abuser en encadrement, que ce soit en passe-partout, en filet ou en biseau.

papier pierre

S'utilise avec les documents
représentant des monuments,
des statues donnant ainsi
à ces représentation une unité

Le papier imitation pierre, se trouve en gris et en beige, en papier cadeau, en papier peint et en vinyl autocollant.
Il est possible de le foncer ou de l'éclaircir en passant un jus d'encre de chine ou d'aquarelle.
Il se travaille comme un papier courant.

Pour cet encadrement, vous pouvez
utiliser le papier de verre classique
que vous trouvez dans différents
grains et en différents tons;
vous avez aussi la possibilité
de trouver chez certains fabriquants
de papiers peints des
imitations de ce matériau.

papier de verre

- Utiliser ce papier comme un papier courant, sans toutefois le mouiller;
- selon son épaisseur, le rabattre ou non autour de la fenêtre-image.

À utiliser pour des scènes de bord de mer et tout document ayant une assise de terre.

Papier crépon

- Prendre un papier crépon fort;
- préparer la surface voulue avec 1 cm de plus tout autour;
- mettre la croix sur l'envers;
- poser le papier bien à plat et encoller fortement la carte de passe-partout sur l'endroit;
- retourner la carte sur le papier sans le faire bouger et appuyer délicatement;
- poser dessus un carton et un poids léger;
- attendre que ce soit bien sec pour couper à ras tout autour et à l'intérieur.

! N.B.

Ce genre de passe-partout convient bien aux dessins d'enfants.

papiers spéciaux

Papier dentelle

Même technique que le papier crépon. En collant, vous ne devez pas appuyer pour ne pas aplatir le gaufrage.

! N.B.

Utiliser les dentelles de pâtissier, les dessous de verre, les fonds de soucoupe : découpez le centre et ils pourront vous servir de passe-partout avec des photos en noir ou en couleurs, en rond ou en ovale, le résultat risque de vous étonner.

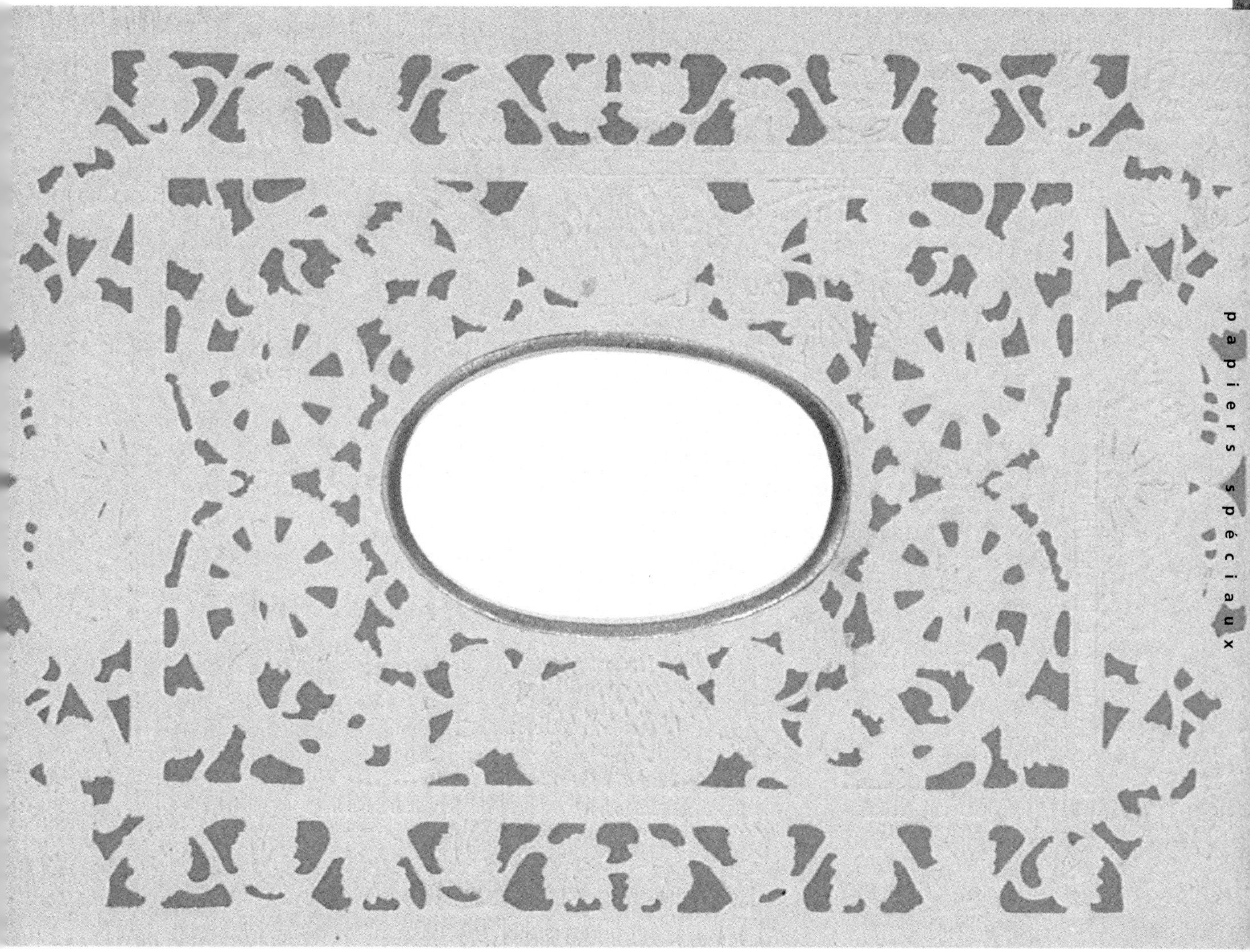

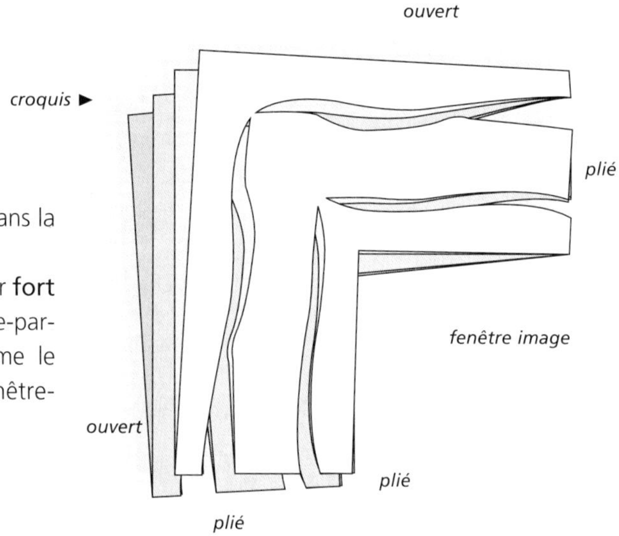

- Couper et ouvrir un passe-partout dans la teinte et les dimensions désirées;
- sur cette dimension couper un papier **fort** qui contrastera avec la couleur du passe-partout choisi et qui sera ouvert comme le passe-partout au niveau de la fenêtre-image;
- le plier en quatre;

passe-partout découpé

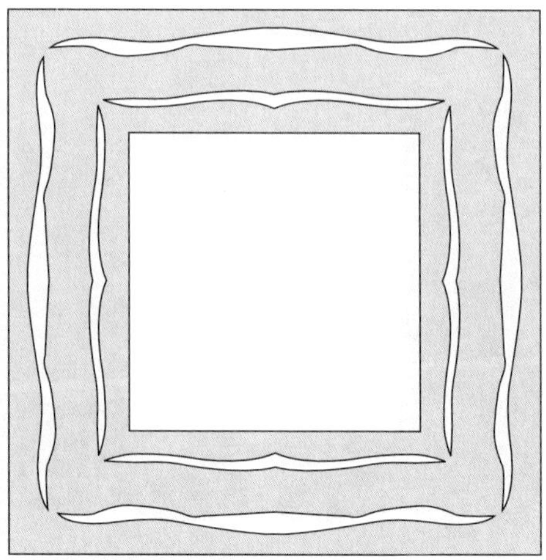

- dessiner votre motif et découper au cutter;
- coller sur le passe-partout en encollant le papier au fur et à mesure.

(couper sur les côtés pliés mais pas sur ceux ouverts)

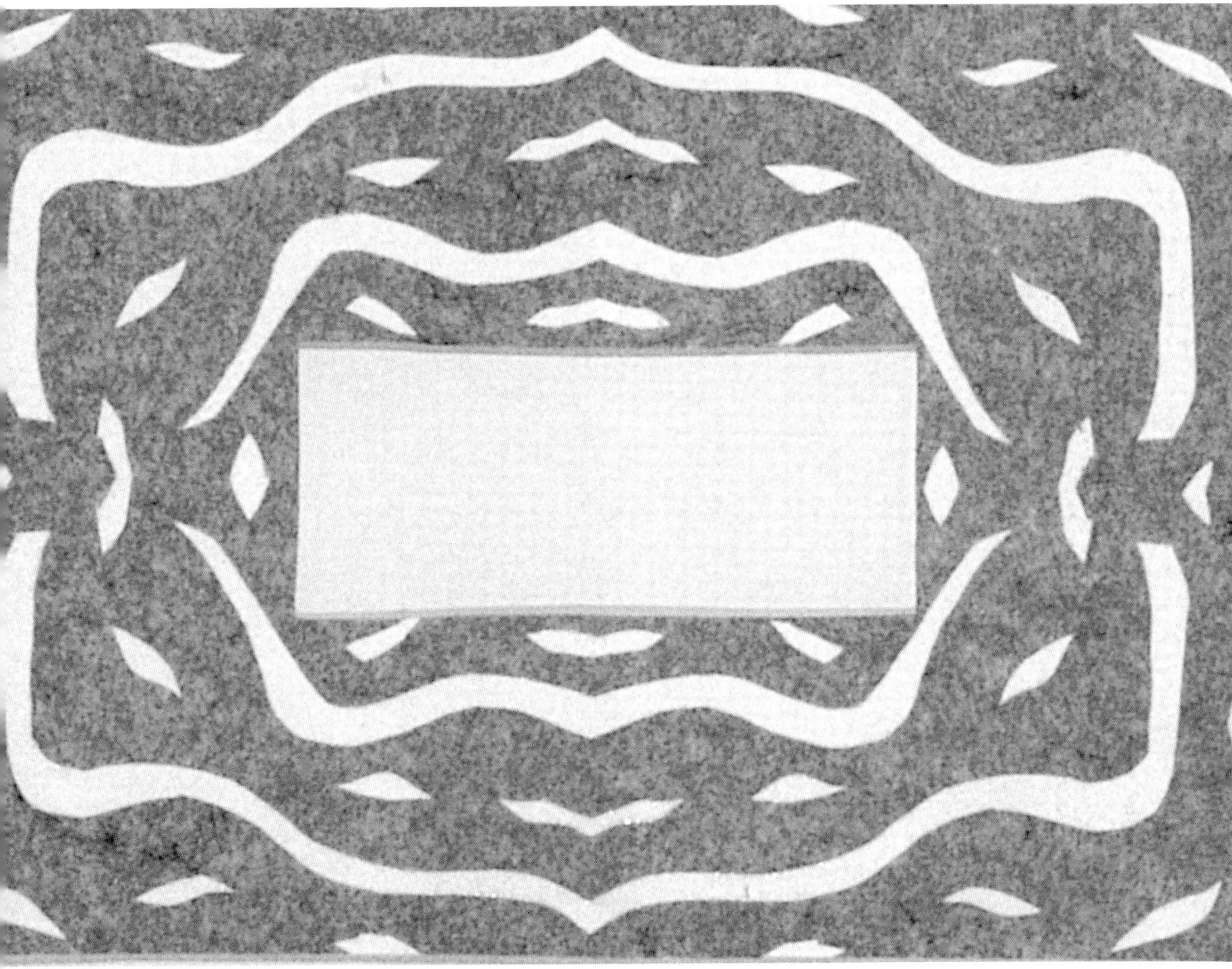

papier ...

Ce sont des papiers existant seulement depuis 1950 et fabriqués par le Moulin Richard de Bas.

... à inclusion

Ils comportent en inclusion des pétales, des fougères et des graminées.

Ces papiers sont particulièrement recherchés pour accompagner des documents romantiques ou des textes poétiques.

On les utilise comme des papiers ordinaires, mais sans les mouiller et sans les rentrer autour de la fenêtre-image.

- Couper et ouvrir le passe-partout;
- disposer tout autour de l'ouverture de la fenêtre-image du ruban adhésif repositionnable en le disposant d'une façon équilibrée dans les droites et les angles.

Vous pouvez éventuellement faire des dessins qui ne soient pas linéaires. Dans ce cas, vous prendrez des feuilles adhésives repositionnables utilisées pour l'aérographe et vous évidérez dans ces feuilles collées sur le passe-partout le dessin qui viendra en couleur.

papier à réserve de peinture

matériel

- un pulvérisateur de peinture à bouche
- peinture acrylique
- ruban adhésif repositionnable

- Préparer un mélange de peinture acrylique et d'eau, de façon à ce qu'il soit assez liquide pour passer dans le pulvérisateur mais pas trop pour que la peinture ait une certaine densité;
- mettre le passe-partout à la verticale à 30/40 cm du pulvérisateur;
- souffler d'une façon irrégulière en faisant de la bruine, plus jolie qu'une peinture unie.

papier à réserve de peinture

- Ouvrir un passe-partout à la dimension voulue;
- préparer un mélange de colle de farine dans une proportion de 1 cuillerée de farine pour 7 d'eau; arrêter la cuisson après un bouillon;
- mélanger à cette préparation de la peinture acrylique; il faut que le mélange soit suffisamment coloré;
- étendre ce mélange sur le passe-partout;
- le travailler avec les peignes de métal ou les boisettes pour le faux bois;

passe-partout avec papier travaillé

- travailler le mélange selon les exemples donnés et inventez-en d'autres.

! N.B.
Si le résultat ne vous satisfait pas, repassez une couche et retravaillez.

Il existe également une autre façon simple de faire un papier original :
- ouvrir 2 passe-partout à la dimension voulue;
- étendre le mélange précédent assez épais sur les 2 passe-partout;
- les accoler mélange contre mélange;
- attendre 3 ou 4 minutes et séparer les deux morceaux.

Le résultat est parfois surprenant.

A/ En partant de sculptures existantes :
- prendre du papier d'argent et l'appliquer sur la sculpture en marquant bien les détails;
- préparer une feuille de papier et l'enduire de colle vinylique;
- poser le papier d'argent, sans le détendre, sur un journal et à l'aide d'un pulvérisateur à bouche et avec la préparation peinture acrylique utilisée page 40 souffler la peinture sur les reliefs du papier d'argent;
- laisser sécher la peinture, mais l'utiliser lorsqu'elle colle encore légèrement;

Cette technique reproduit à plat une impression de relief.

papier reproduisant le relief

- transférer le papier d'argent côté peinture sur le papier encollé;
- bien appuyer sans étirer;
- laisser quelques minutes et retirer le papier d'argent.

Pour ce faire, vous avez deux façons de procéder :

A/ en partant de sculptures existantes,
B/ en créant soi-même son relief.

B/ En créant soi-même son relief:
- préparer la feuille de papier d'argent en la froissant et en la remettant bien à plat sans l'étirer;
- à partir de là, procéder comme en A/

- Dans une carte 500, couper un passe-partout à la dimension voulue et ouvrir la fenêtre-image;

passe-partout embouti

- sur le passe-partout, dessiner un motif; pour ce genre de passe-partout le motif du modèle rend très bien : une grande tige et des feuilles de chaque côté;
- découper le motif au cutter, coller sur l'ensemble du passe-partout un papier fin, sans le mouiller et sans le tendre sur les ouvertures;
- mettre sous presse et faire ensuite ressortir les motifs en passant le plioir et en creusant avec mesure les ouvertures les plus larges.

passe-partout embouti

Ne se servir que de velours de soie ; les velours de coton, beaucoup trop épais, se travaillent mal dans les angles intérieurs et extérieurs.

tissu - **velours**

Éviter de mettre une vitre qui aplatirait le velours, pratiquer plutôt, comme l'indique le modèle, en finissant avec une fine baguette tout autour et une autre intérieure.

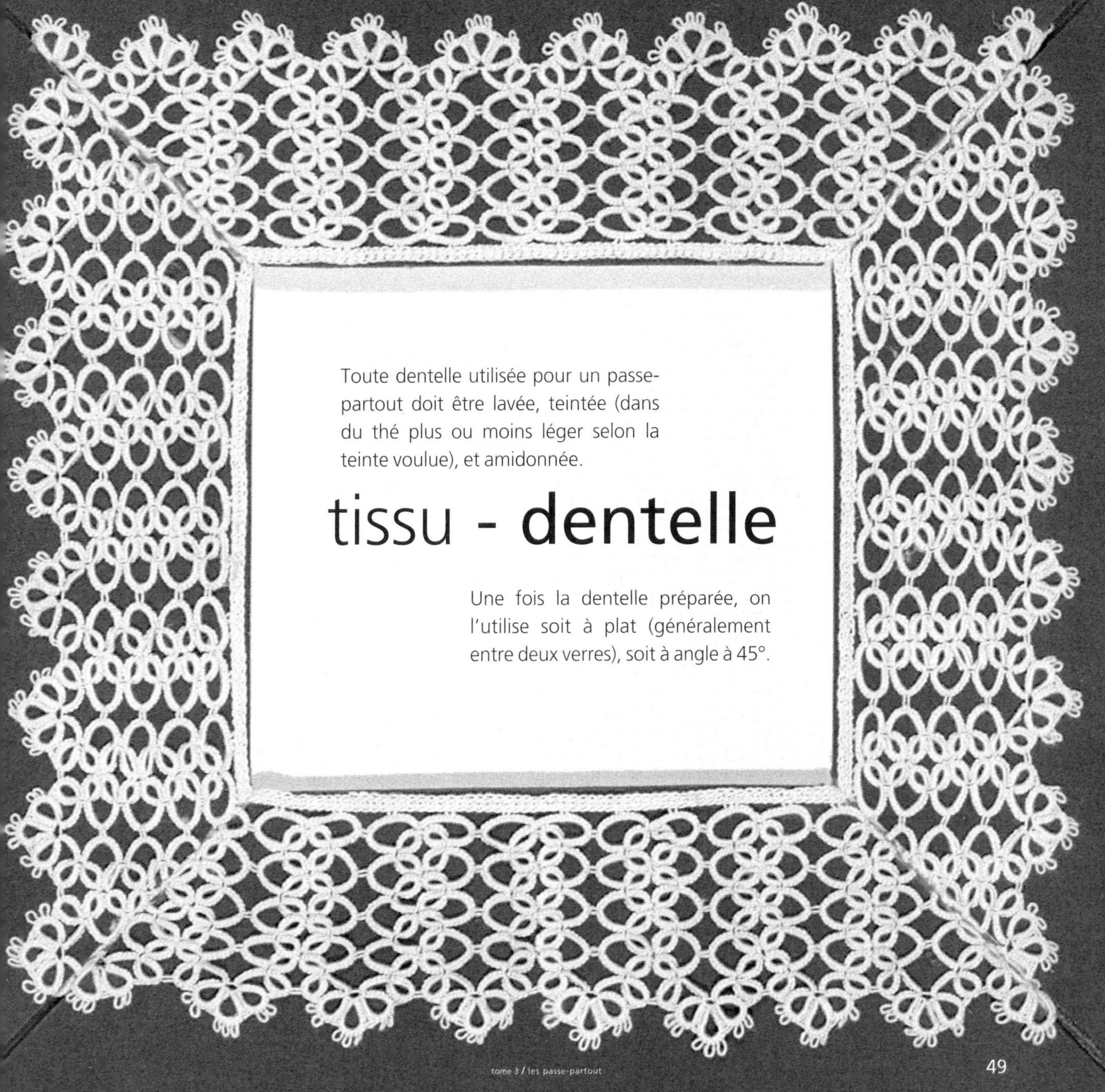

Toute dentelle utilisée pour un passe-partout doit être lavée, teintée (dans du thé plus ou moins léger selon la teinte voulue), et amidonnée.

tissu - dentelle

Une fois la dentelle préparée, on l'utilise soit à plat (généralement entre deux verres), soit à angle à 45°.

tissu - relon

matériel

- 1 passe-partout en carte 500 ou en bristol ouvert à la bonne mesure de la marge s'il n'y a pas de biseau, à marge moins 5 mm s'il y a un biseau (4mn de biseau + 1 mn de recul), plus si on rajoute un filet sous le passe-partout,
- 1 métrage de relon dépassant de 1 cm tout autour du passe-partout.

réalisation

- Poser le morceau de relon endroit contre le plan de travail;
- enduire complètement de colle vinyle l'endroit du passe-partout;
- le retourner et le poser sur le relon en prenant soin de positionner un côté dans le droit fil (pour être sûr de ne pas rater cette étape, on peut tracer une droite sur l'envers du relon respectant ce droit fil);
- au travers d'un papier ou d'un chiffon et à l'aide du plioir, bien appuyer sur toute la surface;
- couper l'intérieur de fenêtre-image à 1 cm tout autour et à 45 ° dans les angles en vous arrêtant à 1 mm du sommet de l'angle;
- rabattre et coller en mettant la colle sur le carton en tirant bien vers soi;
- former les angles à 45° avec un carton.

! N.B.

Si une ou plusieurs bulles se sont formées en séchant, repasser avec un fer très peu chaud, au travers d'un linge sec.

Attention également au fait que les relons clairs sont transparents et qu'il faut prendre soin d'effacer toutes traces de crayon sur de passe-partout.

Elle s'utilise comme du relon,
mais ne se replie pas autour
de la fenêtre-image.
Une fois la toile collée et coupée tout

tissu-**grosse toile**

autour, avec un doigt humecté
de colle passer sur les tranches
extérieures et intérieures pour éviter
les effilochures.

Il existe de la moire de différentes sortes :
- tissu sur papier,
- papier imitant la moire,
- vinyle adhésif,
- moire au mètre.

Les trois premières sortes s'utilisent telles quelles, la quatrième ne s'utilisera qu'après

tissu-**moire**

avoir été collée sur un papier, un kraft de préférence, en contrariant le sens du papier et du tissu.

Vous pouvez ensuite utiliser la moire
- soit en plein,
- soit comme le papier bois en bandes coupées à 45° dans les angles.

Pour faire soi-même son tissu plissé :

- prendre une soie légère et la tendre sur un cadre;
- appliquer 2 ou 3 couleurs pour tissu, comme vous le voulez, le plissé modifiant les dessins que vous aurez prévus;
- laisser sécher;
- retirer du cadre;
- plier la soie en accordéon tous les centimètres le long de la lisière;
- procéder de la même façon en vis à vis (il serait bon à partir de ce moment de se faire aider);
- à deux, torsader la soie au maximum et l'enrouler autour d'un ustensile de cuisine allant au feu; la fixer avec une épingle;
- mettre dans au autocuiseur rempli d'eau, et faire cuire 45 minutes à feu doux;
- laisser sécher.

Le plissé convient aux documents précieux; s'en servir comme du papier crépon, sans le tendre, sans le mettre sous presse.

tissu-**plissé**

tissu - **soie**

Pour la soie qui tâche à l'eau ou à la colle, il est nécessaire d'effectuer un glaçage :
- sur un carton, le plus lisse possible, ou sur une plaque de verre, enduire une bonne couche de colle d'un mélange de colle vinyle et de colle farine;
- laisser complètement sécher ce glaçage et recommencer une 2ème fois puis une 3ème;
- préparer le morceau de soie, ou de tissu léger à glacer, un peu plus grand que le glacis;
- après avoir passé la 3ème couche, attendre que la surface soit presque sèche et colle encore un peu aux doigts;
- poser le tissu dessus, en le tendant bien et en tapotant très légèrement toute la surface;
- transférer le tissu glacé sur le passe-partout préparé et ouvert à l'avance;
- recommencer à tapoter sur toute la surface;
- laisser complètement sécher, couper à ras sur l'extérieur à 1 cm côté fenêtre-image et rabattre en tirant bien dans les coins.

tissu - soie

différents matériaux

cuir

Acheter chez les marchands spécialisés de la "peau sciée", elle existe en différentes couleurs; bien préciser au vendeur la surface nécessaire car ces peaux ont bien souvent des défauts.

- Avant de coller le cuir, le mouiller;
- utiliser comme colle un mélange de colle vinylique et de colle de farine;
- pour les cuirs plus épais que la peau sciée, chagrin ou maroquin **petit grain**, couper à ras à l'intérieur, sans rabattre, et teindre la tranche avec un crayon feutre;

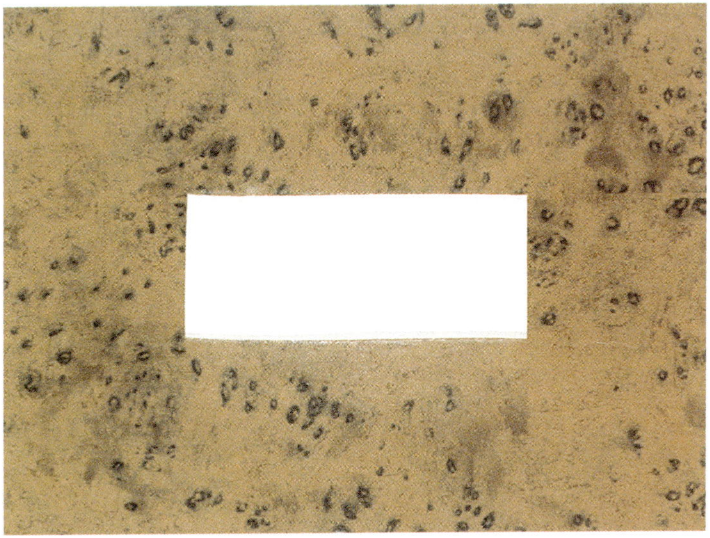

- pour le daim, procéder comme pour le chagrin, mais ne pas poser le verre directement sur le passe-partout, mettre une petite hausse dans la baguette.

carton ondulé

Une seule couleur

- Couper un morceau de carton ondulé d'un centimètre de plus que le passe-partout tout autour;
- le coller sur le passe-partout ouvert en mettant la colle sur le passe-partout;
- couper à ras de l'ouverture intérieure et également à l'extérieur tout autour.

! N.B.

Le carton ondulé peut également être traité en bandes contrastées comme pour le papier bois en coupant les angles à 45°.

Plusieurs couleurs

Comme pour le papier bois, vous pouvez faire des bandes de sens et de couleurs contrastées; **faire seulement attention de bien couper selon les cannelures.**

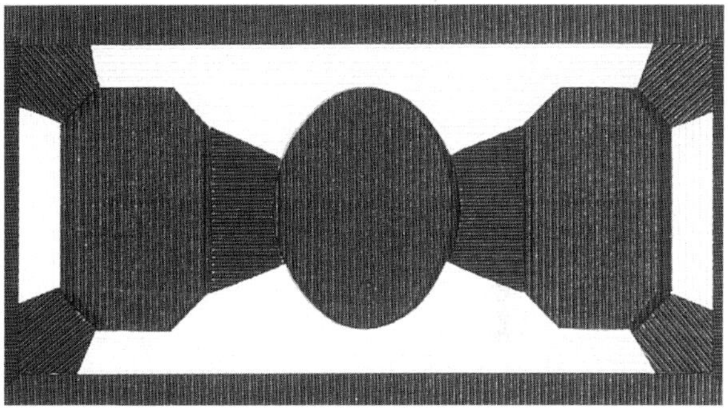

Mosaïque

- Découper le passe-partout à la bonne dimension et l'ouvrir;
- faire sur l'envers de ce passe-partout le dessin de la mosaïque désirée;
- reporter sur un calque;
- numéroter chaque morceau en notant le sens et la couleur;
- couper ces morceaux;
- les découper selon les indications dans du carton ondulé;
- recoller chaque morceau sur le passe-partout en faisant attention de bien joindre chaque pièce.

! N.B.

Ne jamais mettre ce travail sous presse.

- Prendre des carreaux de céramique déjà montés sur un filet très solide et qui seront collés sur le passe-partout avec de la colle forte, sans retirer le filet;
- la seule difficulté réside dans le fait que votre carton de fond doit être calculé en fonction des morceaux de céramique et des

céramique

interstices du filet et l'ouverture de la fenêtre-image doit faire l'objet du même calcul.

!N.B.
Bien entendu, le passe-partout sera coupé dans un carton de fond, pour supporter la céramique.

métal

Utiliser pour cela des plaques très fines vendues pour être découpées : cuivre, laiton jaune ou blanc. Il est possible en posant cette plaque sur des personnages de découper les visages et les mains comme dans les icônes. Ces plaques se collent sur le passe-partout avec de la colle néoprène.

letraset

Ces décors s'utilisent comme des décalcomanies.

Comme toujours,
la règle
consiste
à les utiliser
sans trop charger
le passe-partout,
et s'ils doivent
être mis
en couleurs,

et chartpak

le faire
avec beaucoup
de discrétion.

paille thaïlandaise

Cette paille existe sous différentes formes, soit avec des matériaux variés, soit avec des dessins dans la paille, qui permettent de les utiliser au gré de votre fantaisie.

Cette paille se colle

- soit en plein sur le passe-partout,
- soit en bandes, comme le papier bois, avec les angles à 45°,
- soit peinte avec de la peinture acrylique.

- Couper un passe-partout dans du contrecollé de préférence en canson monté sur carte bois;
- sur un calque correspondant au passe-partout, dessiner les motifs que vous voulez évider; souvent, c'est un rappel du document, ou la continuité des lignes de ce même document;
- maintenir le calque sur l'endroit du passe-partout avec quatre épingles de signalisation aux angles;

contrecollé épluché

- avec un cutter découper le calque en prenant soin de couper le canson et non la carte bois;
- éplucher ces entailles, et passer ensuite à l'intérieur de la découpe une pointe de plioir pour éviter les effilochures de papier.

Il est possible de faire des dessins directs, d'emblée avec le cutter.

C'est une technique qui donne beaucoup de possibilités au niveau des couleurs, mais il est important de bien les choisir; le camaïeu donne de très bons résultats.

- Prendre 4 cartes 500 et les couper à la dimension du passe-partout; ces cartes seront recouvertes une fois ouvertes car le résultat est bien plus beau si les tranches ne se voient pas;

triple passe-partout

- ouvrir le passe-partout le plus proche de la fenêtre-image à marge;
- ouvrir
. le second à marge moins 1 cm,
. le troisième à marge moins 2 cm,
. le quatrième à marge moins 3 cm;
- monter le cadre en intercalant entre chaque passe-partout, à 1 cm du bord intérieur, des bandes de carton à biseau.

!N.B.
Cet encadrement peut se faire en partant d'une photo découpée et remontée sur le passe-partout.

Trouver une photo ou une page de magasine présentant sur son ensemble un ou plusieurs espaces assez grand pour servir de cadre à une photo ou un document.

dans une photo

Il suffira de coller cette photo ou cette page de magasine sur un carfix pour éviter des tâches de colle ou des plis dans le papier.
Ouvrir le ou les espaces et terminer l'encadrement.